mamã

maman

papá

papa

menino

garçon

menina

fille

1

um

un

2

dois

deux

3

três

trois

4

quatro

quatre

5

cinco

cinq

6

seis

six

7

sete

sept

8

oito

huit

9

nove

neuf

10

dez

dix

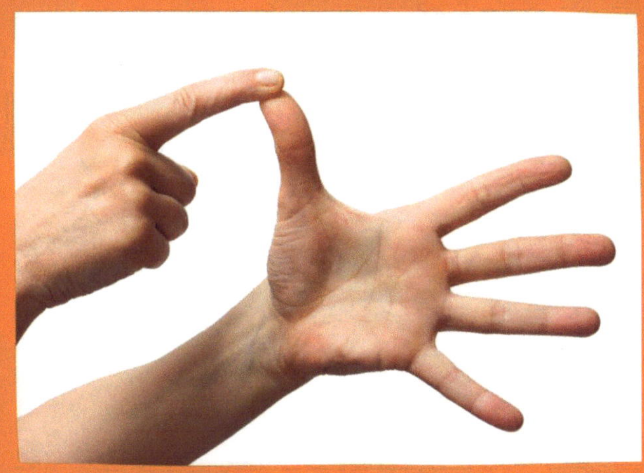

contar

compter

escrever

écrire

desenhar

dessiner

pintar

peindre

círculo

rond

quadrado

carré

retângulo

rectangle

triângulo

triangle

estrela

étoile

preto

noir

branco

blanc

castanho

marron

brun

vermelho

rouge

azul

bleu

amarelo

jaune

verde

vert

roxo

violet

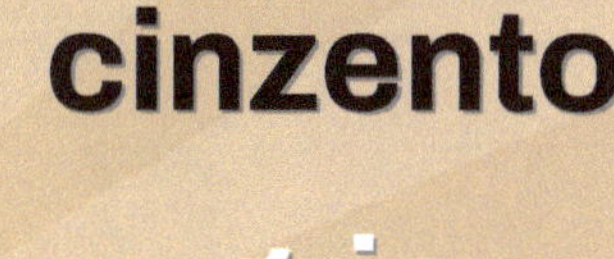

cinzento

gris

laranja

orange

rosa

rose

maçã

pomme

banana

banane

ananás

ananas

melancia

pastèque
melon d'eau

pera

poire

uvas

raisins

manga

mangue

pêssego

pêche

morango

fraise

cereja

cerise

laranja

orange

coco

noix de coco

limão

citron

cogumelo

champignon

milho

🇫🇷 **maïs**
🇨🇦 **blé d'inde**

tomate

tomate

abóbora

citrouille

pepino

concombre

cenoura

carotte

batata

🇫🇷 pomme de terre
🇨🇦 patate

curgete

courgette

espinafre

épinard

couve-flor

chou-fleur

ovo

oeuf

prato

assiette

colher

cuillère

faca

couteau

garfo

fourchette

bolo

gâteau

biberão

biberon

doces

bonbons

queijo

fromage

beber

boire

comer

manger

quente

chaud

frio

froid

pequeno

petit

grande

grand

 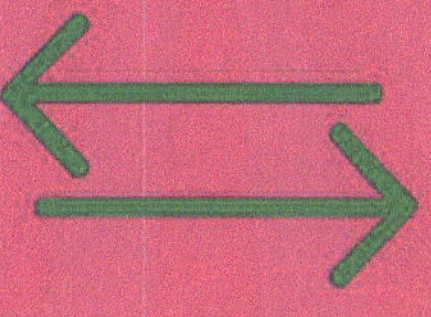 

curto

court

longo

long

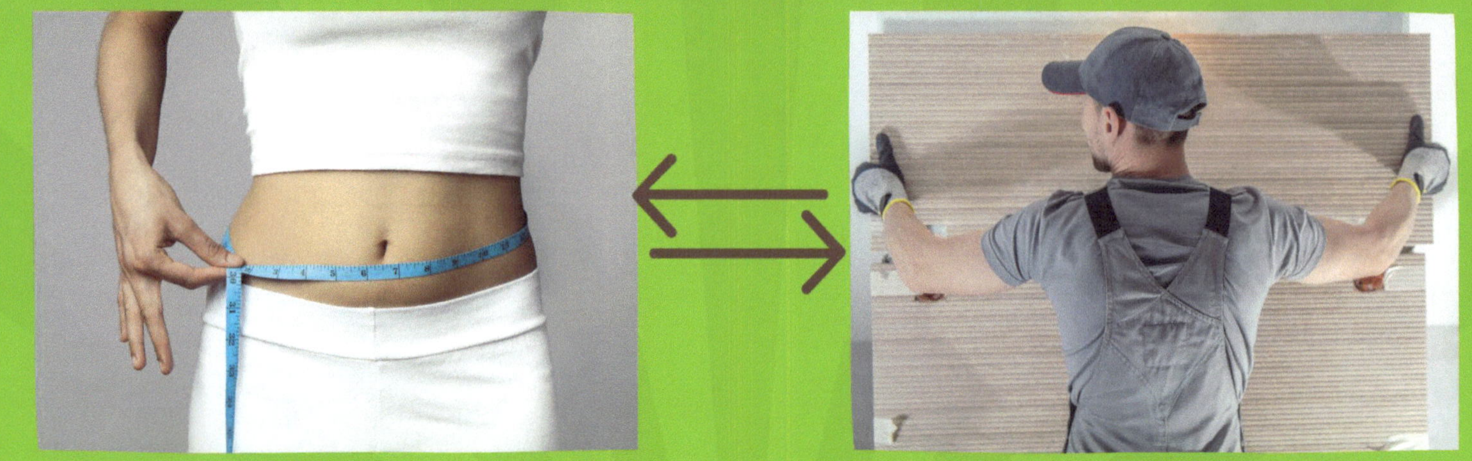

fino

mince

grande

grand

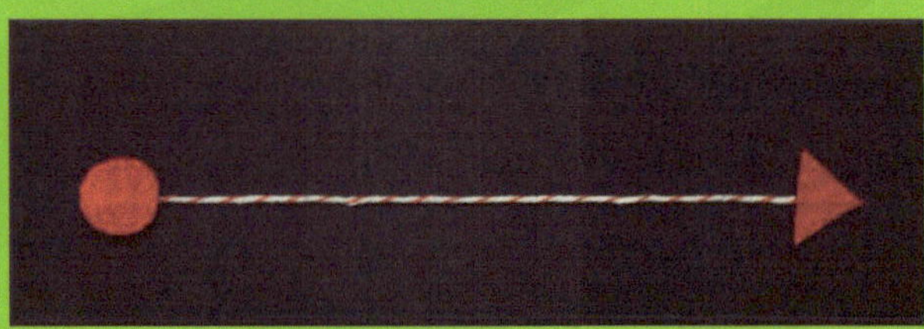

fácil

facile

difícil

difficile

  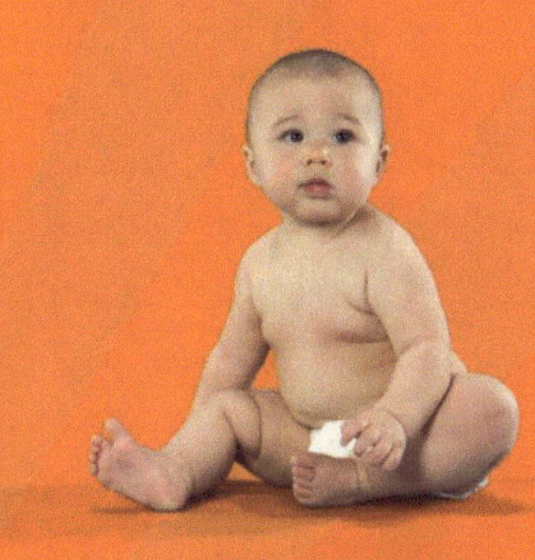

levantar-se

debout

sentar-se

assis

 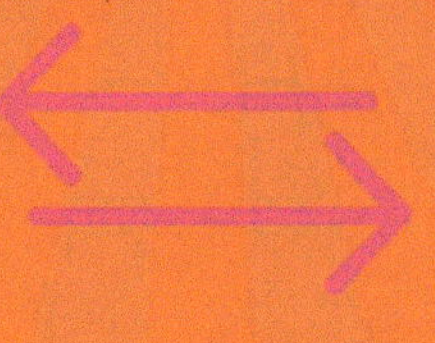 

doce

sucré

salgado

salé

pesado

lourd

leve

léger

dentro

dedans

fora

dehors

sujo

sale

limpo

propre

fechar

fermé

abrir

ouvert

lápis

crayons

relógio

horloge

chave

clé

livro

livre

cama

lit

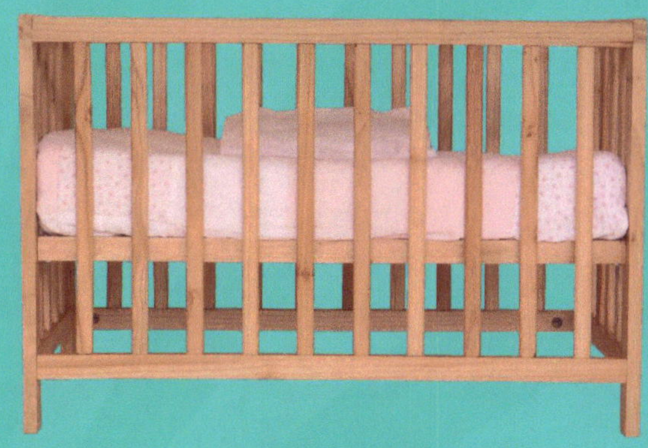

berço

lit bébé

mesa

table

cadeira

chaise

carro

🇫🇷 voiture
🇨🇦 char

bicicleta

🇫🇷 vélo
🇨🇦 bicyclette

avião

avion

barco

bateau

comboio

train

helicóptero

hélicoptère

camião dos bombeiros

camion de pompier

bombeiro

pompier

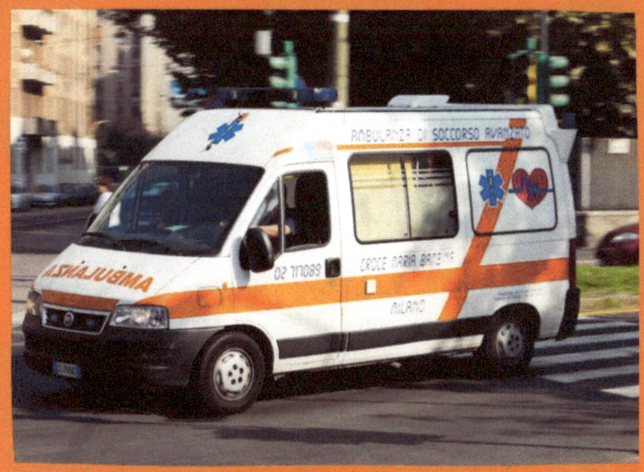

ambulância

ambulance

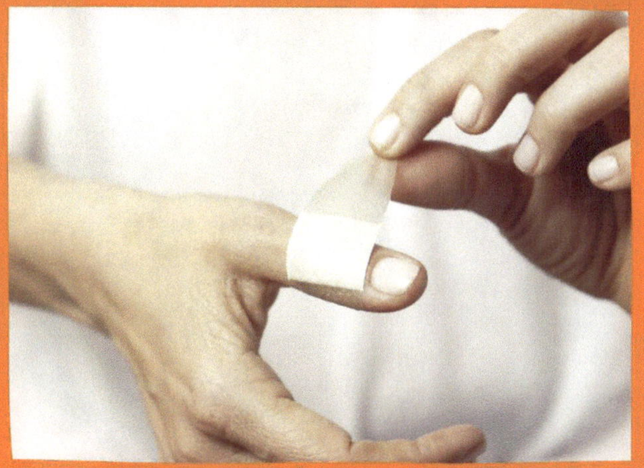

ligadura

pansement

paramédico

ambulancier

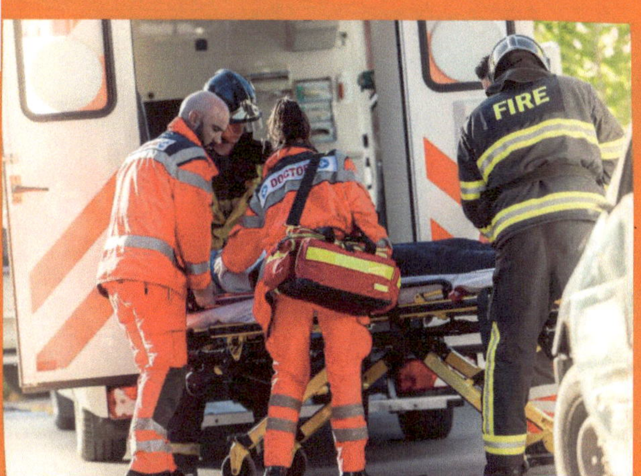

equipa de resgate

équipe de secours

floresta

forêt

montanha

montagne

relva

herbe

areia

sable

árvore

arbre

flor

fleur

borboleta

papillon

formiga

fourmi

gato

chat

cão

chien

cavalo

cheval

rato

souris

vaca

vache

porco

cochon

ovelha

mouton

pato

canard

ganso

oie

coelho

lapin

peixe

poisson

veterinário

vétérinaire

médico

docteur

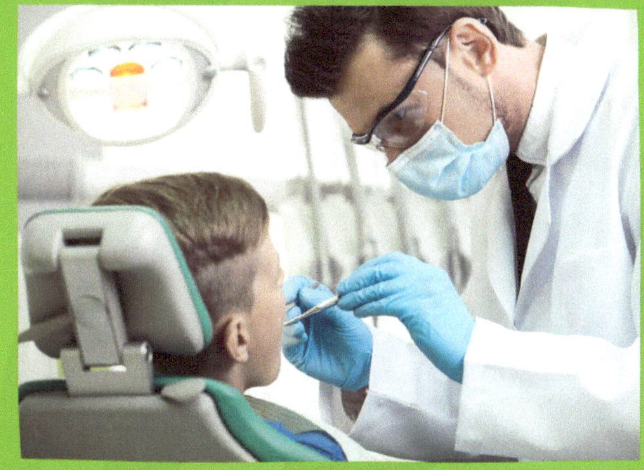

dentista

dentiste

farmacêutico

pharmacien

enfermeira

infirmière

cabeça

tête

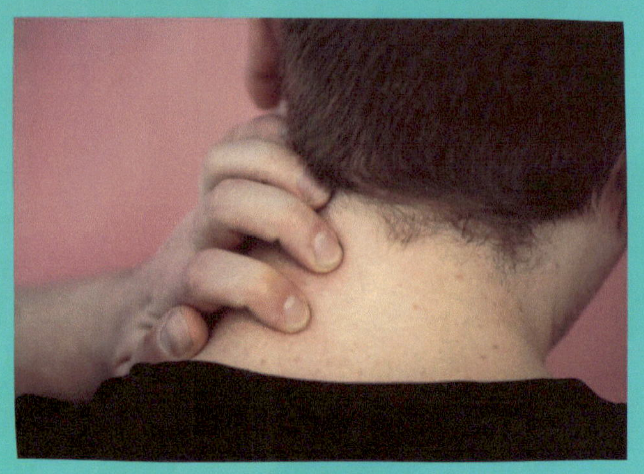

pescoço

cou

pé

pied

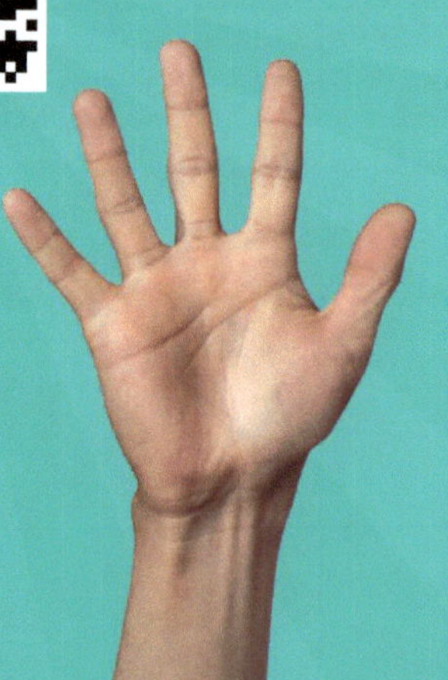

mão

main

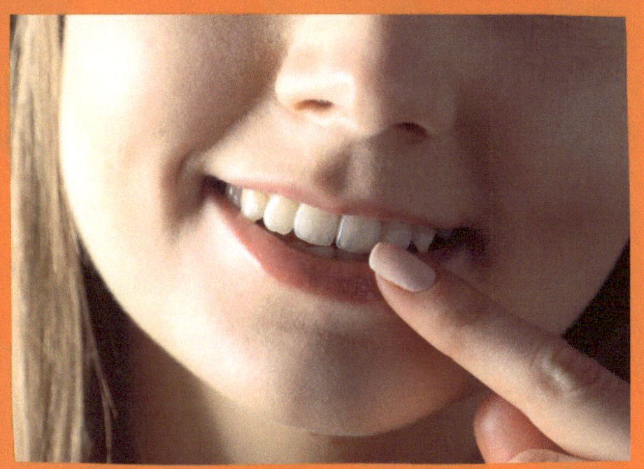

dentes

dents

olho

oeil

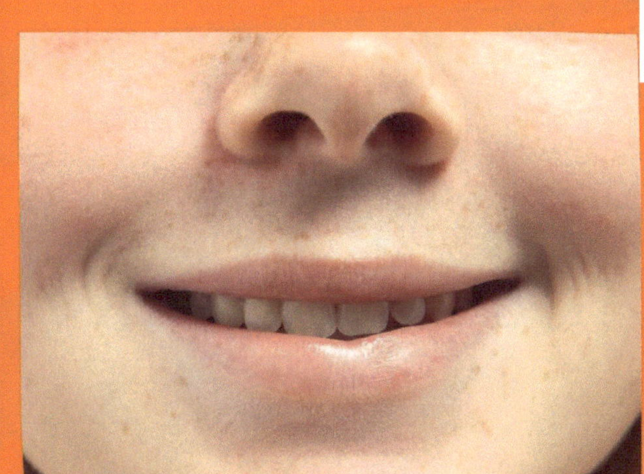

boca

bouche

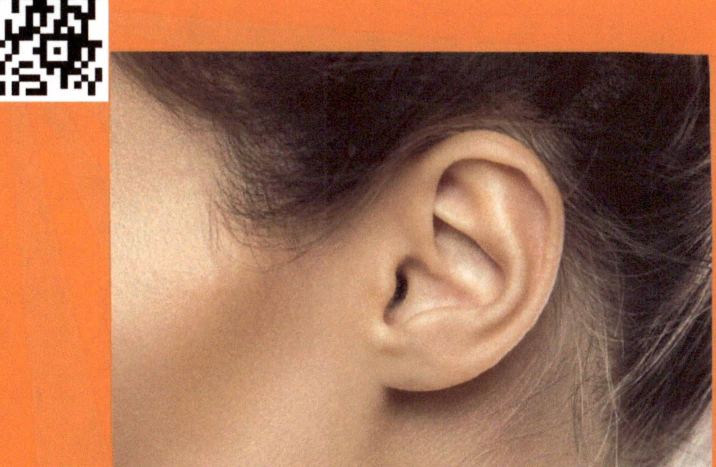

orelha

oreille

chapéu

chapeau

calças

pantalon

sapatos

chaussures
souliers

vestido

robe

casaco

manteau

cachecol

🇫🇷 **écharpe**
🇨🇦 **foulard**

guarda-chuva

parapluie

óculos

lunettes

sol

soleil

nublado

nuageux

chuvoso

pluvieux

lua

lune